War Crimes
Third Report
on United States War Crimes
The Preparatory Commission
of the International
Criminal Tribunal
for Iraq

裁く戦ブ
ュの
犯罪を

Part3

イラク国際戦犯民衆法廷準備編
イラク国際戦犯民衆法廷準備会編

写真で見るイラク戦争被害

4 広河隆一
（イラク戦争被害調査チーム／フォト・ジャーナリスト）

イラク戦争被害調査（2003年5月13日～30日）

豊田 護
（イラク戦争被害調査チーム）

15 動くものは何でも撃った米軍
16 クラスター爆弾こそ大量殺戮兵器
18 略奪の手引きは米英軍
20 ウラン兵器を都市部でも使った
22 生活不安と苛立ちから「撮るな」の叫び
24 復興を妨害する占領軍
27 占領軍は歓迎しない
29 真実を消したマスコミ

32 イラクに対するブッシュの戦争犯罪を裁こう
35 イラク国際戦犯民衆法廷公聴会を開こう
　　──公聴会ガイドライン
39 イラク国際戦犯民衆法廷規定・草案

GENJIN
ブックレット
40
現代人文社

イラク法廷を民衆の力で創りだそう

　2003年3月20日、米英連合軍は、国際法を踏みにじり、戦争反対の圧倒的世界世論を無視して、イラクに対する攻撃を仕掛けました。「イラクが大量破壊兵器を保有している」という根拠のない疑惑を振りまいて、実際には自分たちがイラクに大量破壊兵器を投下して、何千人とも推測される一般市民を一方的に殺しました。国連加盟の主権国家であるフセイン政権を崩壊させ、その後もずっと事実上の占領状態を続け、今なおイラク各地で戦闘を続けています。

　イラクが大量破壊兵器を保有しているとか、核兵器を開発しようとしたとかいった口実が根拠のないことが発覚しそうになると、イラクは生物化学兵器を使用したと言い始めました。かつてアメリカがイラクに売却したことには口をふさいでいます。また、フセイン政権は独裁であり非民主的であると唱えています。戦争の理由がこれほど次々と変わるのは驚くべきことです。最初から理由などどうでも良かったのだろうと考えざるをえません。それに独裁政権や非民主的政権などいくらでもあります。だからといって、戦争を仕掛けて政権を潰すことが許されるはずがありません。

＊

　2002年10月から2003年4月にかけて、世界の反戦平和運動は人類史上に類例のない盛り上がりを示しました。1日の間に地球上すべての大陸で戦争反対のデモや集会が繰り広げられました。

　戦争に邁進するアメリカがひとつのスーパーパワーであるとすれば、戦争に反対する世界の名もなき民衆の運動は、これに対峙するもうひとつのスーパーパワーと呼ばれるほどに発展しました。

　それでも戦争を止めることはできませんでした。それでは「戦争を止めよう」と立ち上がった民衆運動は無駄だったのでしょうか。そうではありません。

　世界の大陸で、各地の都市で、戦争に反対し平和を願う民衆運動が、地球全体にかかる虹を描いたとき、確かに世界は変わったのです。まだおぼろげではあっても、もうひとつの国際秩序のあり方が、世界中の民衆運動の前に

開けて見えたからです。その途を確実に切り拓いていくためには、「戦争を止められなかった」と諦めたり嘆いたりしていてはなりません。

　戦争を止められなかった原因を冷静に分析し、これからの反戦平和運動をいっそう発展させるために、理論的にも実践的にも足場を固め、時代を先取りしていかなくてはなりません。

＊

　そのための新しい反戦平和運動として、私たちはイラクに対するアメリカの戦争犯罪を裁く「イラク国際戦犯民衆法廷」を呼びかけます。

　イラク国際戦犯民衆法廷は、すでに進行中の「アフガニスタン国際戦犯民衆法廷」（2003年12月13～14日・東京）に続くものです。イラク国際戦犯民衆法廷の構想は、アフガニスタン国際戦犯民衆法廷の経験に学んで、さらに発展させようと考えています。

　また、ジャーナリストの広河隆一さんとアフガニスタン国際戦犯民衆法廷実行委員会の協力により、2003年5月にイラク戦争犯罪市民調査団を派遣しました。本書にその報告を写真とともに掲載しています。

　イラク国際戦犯民衆法廷は、イラクに対する侵略の罪や、イラクに対して投下された大量破壊兵器による民間人殺害などの戦争犯罪の真相を調査し、記録し、歴史に残していきます。それらの事実を国際法に基づいて評価し、国際法の発展をめざします。イラク国際戦犯民衆法廷は、まずは日本から発信しますが、加害側のアメリカ、イギリス、そして日本の民衆の責任を問い直し、被害側のイラク民衆との連帯を探ります。

　戦争と殺戮に明け暮れる無法な国家に21世紀を委ねておくことはできません。民衆自身が声をあげ、学びあい、討論しあいながら、新しい反戦平和運動を創り出していきましょう。

写真で見るイラク戦争被害

広河隆一(イラク戦争被害調査チーム・リーダー／フォト・ジャーナリスト)

バグダッドの市内に入る道を検問する米軍戦車と，見守る子どもたち

刑務所の中で囚人たちが描いたサダムの絵。顔はつぶされていた。米軍によってここから釈放された人たちが略奪に向かったとも言われている

サウジアラビアが開設した臨時の病院で,治療を受けようと並ぶ人びと

市内パトロールに出た英兵。イラク南部の都市バスラは英軍の管理下にあるが,今でも夜中に銃声がひびいている

イラク戦争被害調査報告

バスラ南の昔の検問所に住み着いた避難民家族

アクラム医師(元バスラ教育病院院長)の家族は，戦争中，奥まったこの部屋に寝泊まりしていたが，隣家を襲ったロケット弾が，この部屋の壁と天井を破壊し，ここにいた10人が殺された

ブッシュの戦争犯罪を裁く　part 3

戦前のアクラム医師の家族と親族。このうち子どもを中心とした8人と，撮影後に誕生した幼児など2人が爆撃で殺された

アクラム医師の家族が眠る墓

イラク戦争被害調査報告

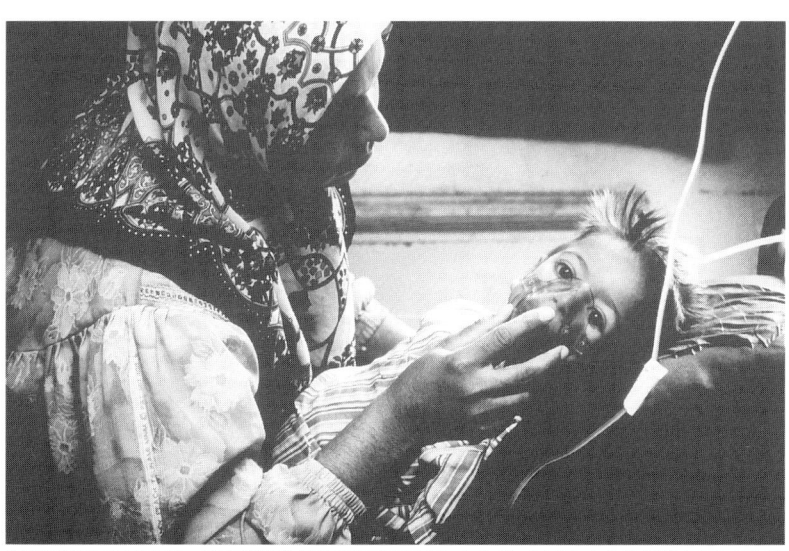

バスラの子どもの墓で13歳の少年の死を嘆く母親。家の近くでイラク兵が反撃し、その周囲一帯を英軍が爆撃したことで、少年は死んだという

病室を埋めているのは、白血病患者と脱水症状の子どもたちだ。子どもたちは汚染された水を飲まざるをえなくなり、下痢と脱水症状を起こし、そして多くが死んでいく

ブッシュの戦争犯罪を裁く　part 3

この日亡くなった子どもを埋めようとしている家族。脱水症状だったという

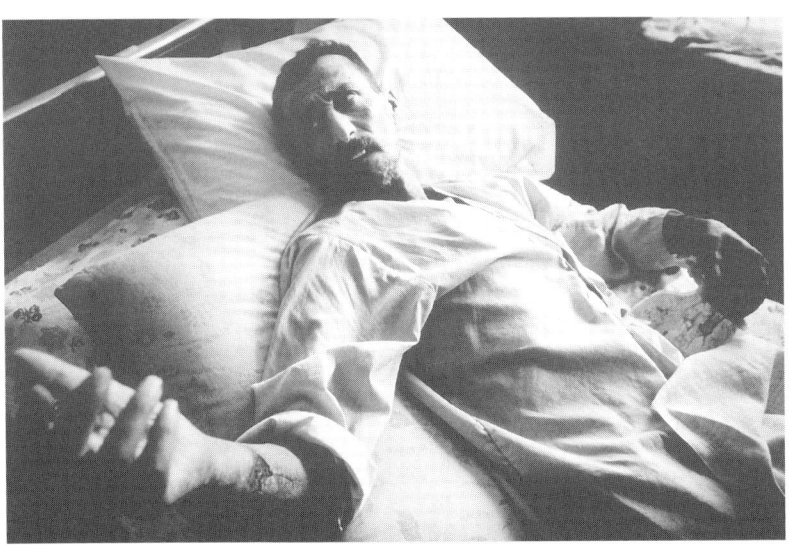
2002年3月25日朝，ナシリアに住む医療医師ダハムの家の周囲に多くの爆弾が落ちた。彼は家族を避難させようと，乗用車に弟と妻と4人の子どもたちを乗せて脱出する。しかし，米軍戦車に行く手を阻まれ，彼は車を止めた。その直後に銃撃が始まり，車が炎上し，3人の子どもが射殺された。もう1人の子も後に死亡。残った全員も重傷を負った

イラク戦争被害調査報告

2002年3月23日,モハメッドの家が爆撃された。妻は心臓が身体から飛び出し,赤ん坊も身体がずたずたに引き裂かれていた。「私の妻は,私のすべてだった。みんなから愛されていた。私はイラン戦争で18年捕虜だったが,彼女はずっと待っていてくれ,私の両親と子どもの世話をしてくれた。どんな補償金をもらっても,妻は帰ってこない。彼女なしで生きているのが信じられない」と彼は言う

バッサムの家は,2002年3月22日に爆撃された。5人が表に座っていたが,爆撃音を聞き,みんなあわてて家の中に逃げ込み,階段の下に隠れた。しかし,次のミサイルがこの家に命中し,5人全員が死んだ

ブッシュの戦争犯罪を裁く　part 3

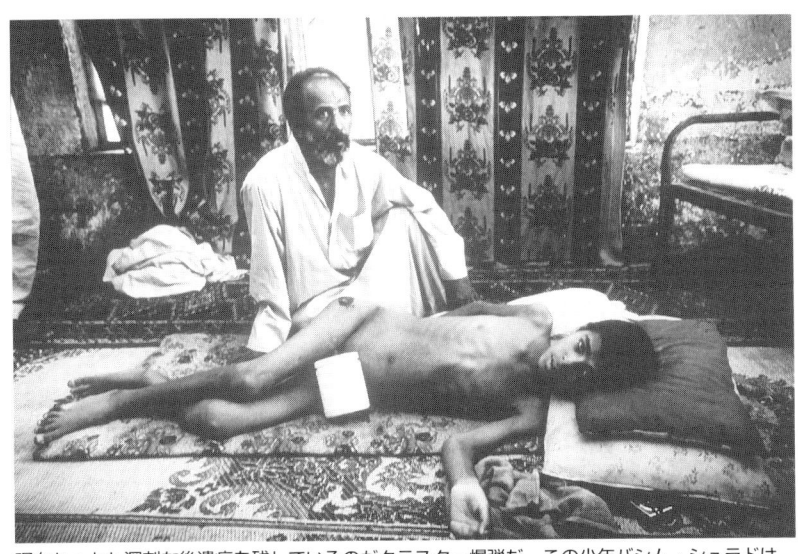

現在もっとも深刻な後遺症を残しているのがクラスター爆弾だ。この少年バシム・シュラドは、2002年3月22日に部屋にいたところ、爆発したクラスター爆弾で、後頭部、背中、臀部に深刻な損傷を受けた。全身が麻痺して、1日中、裸で部屋に横たわっている

ナシリア総合病院統計局のアハメッドによると、この病院だけで450人が死亡し、1,000人が負傷して治療を受けたという。死者の身分証を見ると、多くは子どもと女性、老人たちである

イラク戦争被害調査報告

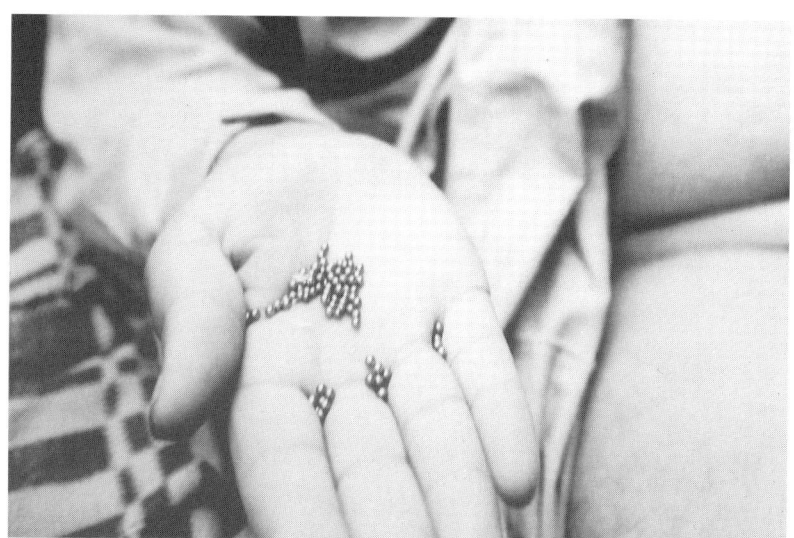

クラスター爆弾の子爆弾の中には，こんなに小さな剛球が数百つまっており，爆発したときに周囲に飛び散る

クラスター爆弾の親爆弾。このようなものが空で爆発し，中から何百という子爆弾が落とされた

ブッシュの戦争犯罪を裁く　part 3

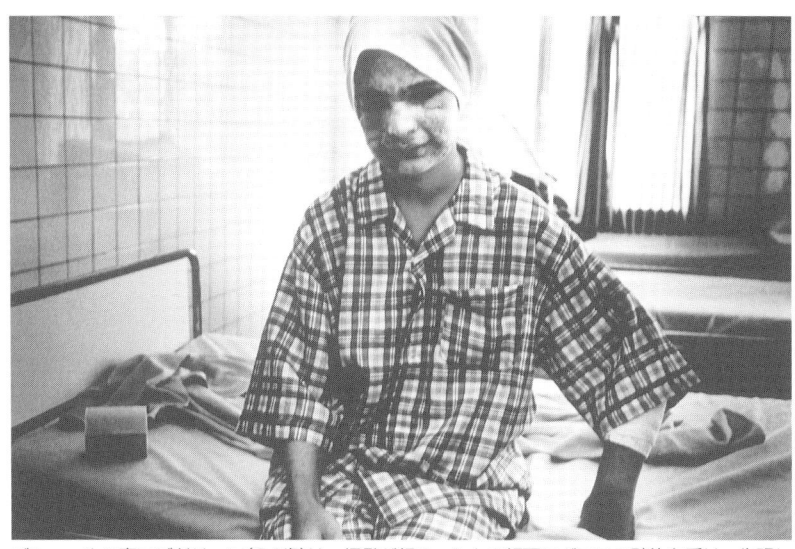

バシャールの妻マジドリーン(24歳)は、爆発が起こったとき顔面にガラスの破片を受け、失明した。彼女の2歳の子も死亡。彼女は妊娠していたが、その子どもも死亡した

イラクの白血病の少女。専門医は、劣化ウラン弾による白血病発症は治癒が非常に困難で、「この病気でこれまで助かった子どもはいない」と言った。放射性物質が体内にあるため、いくら治療しても、放射能は血液のガン(白血病)を生産し続ける。この子は1991年の湾岸戦争の被害者だが、今回のイラク戦争から数年後に、再び小児白血病患者の急増がはじまり、誰もがイラク戦争を忘れた後も、犠牲者は増え続けるだろう

イラク戦争被害調査報告

イラク戦争被害調査
（2003年5月13〜30日）

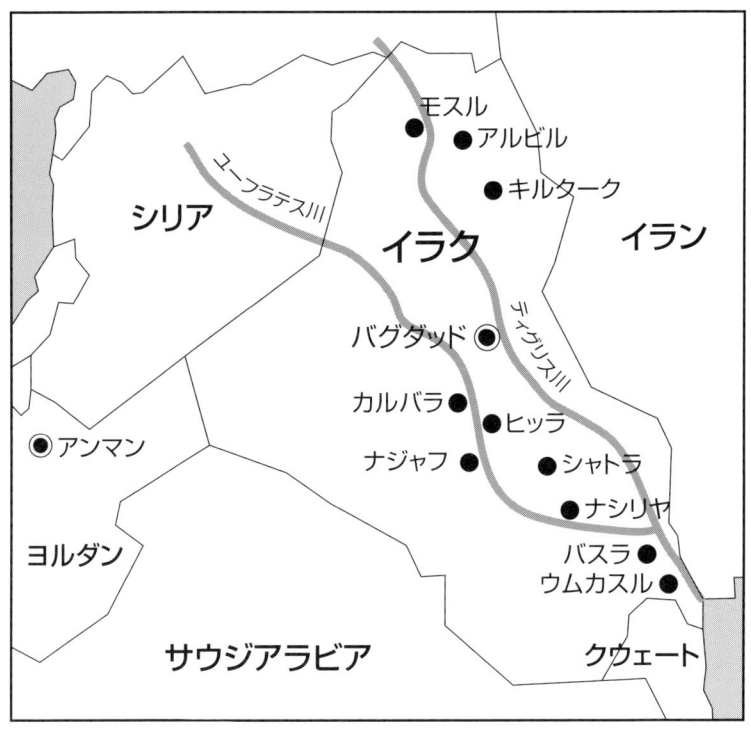

イラク戦争被害調査チーム訪問地

米英軍によるイラク爆撃は7000人もの市民を虐殺した。フォト・ジャーナリスト広河隆一さんをリーダーとするイラク戦争被害調査チームは，2003年5月13日から30日にかけイラク各地を訪れ，犠牲者の遺族・関係者から証言を集めた。戦禍はいたるところに残されていた。断水・停電，破壊された家，治安悪化。米英軍の占領は，断じて"解放"などではない。

調査報告・写真／豊田 護(イラク戦争被害調査チーム)

動くものは何でも撃った米軍

◎子どもを狙い撃ち

　「いとこや兄弟の家族といっしょに避難しようと，貨物トラックで街の出口にさしかかった時だった。攻撃ヘリからミサイルの攻撃を受けた」。イラク南部の都市ナシリヤが，3月31日に米軍の攻撃を受けたとき，一体何があったのか。カリールさん(44歳)は家族・親類に起こった悲劇を語ってくれた。「6人の子どもを含む14人が死んだ。3人が重傷を負った。体がばらばらに飛び散った」。

　同じ車に乗っていたムアイドさんが付け加える。「最初の攻撃で，助手席の女たちがやられた。荷台の子どもたちは大丈夫だった。だが，車が止まって，荷台から降りたところを地上にいた兵士に撃ち殺された」。

　近くにイラク兵の姿はなかった。ヘリのパイロットからは，貨物トラックの様子は十分わかったはずだという。当然，地上兵は子どもたちの姿を確認して機関銃を撃った。

　これまで，米軍は市民に犠牲が出た場合「誤爆」と言い訳してきた。「市民の犠牲を最小限に抑えるよう努力している」と取りつくろう。あくまで軍事施設や兵士に対する攻撃であり，まきぞえを食った民間人は運が悪かったというわけだ。

　実態はどうか。この証言であきらかだ。"動くものは何でも撃つ"。殺人集団の確信的行為に間違いない。

　調査チームは，2週間あまりの間に南はクウェート国境から北はモスル・アルビルまで，ほぼイラク全土の主要都市を回った。犠牲者の遺族や病院関係者など合計90人を上回る人々から，戦争被害の実態を聞き取った。

　そのつど，「なぜあなたの家族が攻撃されたと思うか」と聞いた。

　「近くをイラクのロケット輸送車が通ったようだ」「シリアからの義勇兵が隠れていた」との答えもあった。しかし，多くの答えは「近くに軍の施設もないのに，なぜ市民が狙われるのか，理由はわからない」だった。

　住宅地にクラスター爆弾を使い，にぎわう市場にミサイルを撃ち込んだ。どう考えても，米軍が言うように「市民に配慮」がされているわけがない。確実に犠牲者が出る。生活の場が破壊されたことは明らかだ。

イラク戦争被害調査報告

◎「石油を奪いにきただけ」

「わずかな蓄えも，治療費や薬代で消えてしまった。もう食べ物もない。仕事もない」。

犠牲者を出さなかった家庭にも，戦争のダメージが及んでいる。「爆撃で家も家具も，一瞬になくなってしまった」と，途方にくれる人は多い。

南部の町では，給水車に集まる人々が多く見られた。電気も1日に何度か停電する。早朝から車の列が延々と続くのを見かけた。先頭を追えばガソリンスタンドに行き着く。販売される場所が限られているようだ。値段も高騰している。

夜，銃声音で目がさめた。翌朝，泊まったホテルのカウンター越しに，マシンガンが見えた。

今イラクの人々はそんな中で生活している。"安心して暮らしたい"——この最低限の願いが最大の願望となっている。

カリールさんは，サダムとブッシュについてこう語る。「サダムは，多くの人々を弾圧した。だが，まだ仕事はあった。食べ物もあった。ブッシュは，多くの人を殺した。石油を奪いにきただけじゃないか」。

クラスター爆弾こそ大量殺戮兵器

◎隣の一家は全滅した

バグダッドから南へ約150キロメートル。ナジャフの町では3月26日，激しい戦闘が起こった。クウェート国境から侵入した米英軍が首都侵攻を前に，本格的な抵抗を受けた。

「たまたま，戸を開けたところミサイルが2発飛んできた。この地域は，全部爆弾でやられた。26人が殺された」。

メヒディさん(61歳)は爆撃の様子を語った。メヒディさん自身も左足を失い，車椅子生活だ。目はサングラスで保護されていた。

戦争被害調査チームが訪れたアル・カラマ地区は，30メートルほどの道路に面した住宅街。この街にクラスター爆弾が使われたのは3月27日の深夜だった。通りに面した家の壁には，いたる所に弾痕が見られた。

クラスター爆弾は今も子どもを殺す（2003年5月28日、イラク・バグダッド）

「隣の一家は全滅した。正直者のいい家族だった」。調査チームの取材を知って，隣近所からどんどん人が集まってくる。

「なぜもっと早く来なかったんだ」——メヒディさんの息子サラーハさんが激しい口調で訴えた。クラスター爆弾の証拠を米軍に消されてしまうとの思いからだった。

一人の青年が，メヒディさんの家にあらわれた。着ていた服をたくし上げ，腹部に残る手術後を見せた。手には直径2～3ミリの小球が30粒ほどのっていた。手術で体から取り出したものだという。クラスター爆弾の散弾に違いない。いくつかは，まだ体の中に残っている。

住宅地が面する通りには，クラスター爆弾の残骸が残っていた。道の中央に転がっていた蓋のような部品に「270」と数字があった。親爆弾に含まれる子爆弾の数かも知れない。一発の爆弾が200発以上もの爆弾に分散し，なおかつそれぞれが細かい散弾を撃ち放つ。殺傷能力は着弾点から，半径数百メートルにも及ぶ。無差別大量殺戮兵器だ。

さらに問題なのは，子爆弾の1割近くが不発弾として残ることだ。今回のイラク攻撃では，1500発のクラスター爆弾が使われたという。単純計算でも

イラク戦争被害調査報告

クラスター爆弾の子爆弾

不発弾は数万発にもなる。実際，戦闘が終わってから，多くの子どもたちが犠牲となっている。

◎なぜ民間人を殺すのか

道路脇の植樹帯の中に子爆弾の一部を見つけた。不発弾かどうか，確かめるすべはない。ただ，青年が見せてくれた小球がぎっしり詰まっているのが見えた。見れば，あちこちにいろんな形状をした爆弾の残骸があった。死後硬直したロバの死体もあった。爆撃の時にやられたそうだ。

通りを軍用車が，何かを広報して通り過ぎた。聞けば明日夕方4時から，あたりをクリーン・アップするという。不発弾の除去なのか，あるいは証拠隠滅のためなのか。サラーハさんの訴える意味が分かった。すでに，これまでにもクリーン・アップ作業がされていたのだろう。

なぜこの住宅地が狙われたのか。「イラク兵が通ったという人もいるが，理由はまったくわからない」。メヒディさんはそう答え，「(米軍は)この悲劇を持って帰れ」と怒りをあらわにした。

遠巻きに見ていた一人の女性が，米軍に「なぜ民間人を殺すのか」と抗議した時の話をした。クウェート人通訳を通じて聞かされた言葉は「すべてを破壊する」だった。

略奪の手引きは米英軍

◎「レッツ・ゴー」の号令で

「略奪」の現場を見た。イラク南部の主要都市バスラ郊外にある学校だった。黒板・蛍光灯がなくなっている。放火もされたのだろうか。壁もすすけていた。"何か変だ。自分たちの子どもが通う学校から，一体誰が盗み出すというのか"。そんな疑問がわいた。

サダム・フセイン体制の崩壊とともに，イラク各地から「治安の悪化」が報

道された。「略奪」という言葉が頻繁に使われた。バース党や政府機関の建物だけでなく，博物館・病院なども対象となった。「治安」回復のためには米英軍の存在が必要との印象を植え付けた。

　その一方で，「略奪」の手引きをしているのは連合軍だとする証言が，インターネット上に流れていた。調査チームも，同じような証言を得た。

　ナシリヤ市の技術学校。建物はレンガ積みの塀で囲われていた。塀の高さは1.6メートルほど。大人なら容易にのぼれる。その一角が壊された。

　「盗賊団は塀の前で待っていた。先生や生徒は抵抗したが，5時間にわたって破壊行為をはたらいた。先生は連合軍に助けを求めたが，何もせず見逃していた」。

　通りの向かいにあるパン屋の主人・カリームさん(40歳)が一部始終を見ていた。塀に穴をあけたのは連合軍の戦車だった。「レッツ・ゴー」と号令をかけた。兵士は「いいぞ。やれやれ」と手をたたいてはやしたてていた。その様子を見ている人々を「あっちへ行け」と追い払った。

◎誰のための治安か

　ナシリヤの外科病院を訪ねた。4月9日に爆撃を受け，3人が死んでいた。「この病院で起きたことを話してほしい」。返ってきた答えは「略奪」の話だった。

　「何日か後に，強盗団がやってきて，コンピュータや備品をとっていった。患者も避難しなければならなかった」。アブダル・ハディ副理事長は院内を案内した。カルテ保存倉庫は焼けこげていた。犠牲者や負傷者の資料がなくなって，戦争被害の状況はわからなくなってしまったという。

　「強盗団はどんな人だと思うか」

　「イラク人ではない。話し言葉のアクセントがおかしかった。クウェートなまりだ」。

　米英軍は，アラビア語の通訳に多くのクウェート人をつれてきている。大義名分の一切ないイラク攻撃。「治安」の悪化を作り出すことで，占領を正当化する以外ない米英軍の焦りの姿が見える。

　窃盗行為が全くないわけではない。バスラの街では盗品と思える品物が市場にあふれていた。しかし，あたかもイラク人全体が無法者であるかのよう

イラク戦争被害調査報告

に印象づける「略奪」報道は明らかに違う。

　「モラル・ハザード」を問うのなら，殺人を正当化する占領軍こそが，糾弾されねばならないはずだ。その米軍が抵抗にあっている。戦闘終結後，報道されているだけですでに50人近い米兵が殺された。「治安の悪化」をいまもっともおそれているのは，他ならない米軍である。自衛隊を「治安」のために派遣するという。米軍に替わって，占領への怒りに燃えるイラクの人々を銃口で抑えこもうというのだろうか。

　パン屋の主人カリームさんはこういった。「米軍は別のサダムさ。2か月たったがわかるだろう。連合軍はイラクを救うことなどしない。第二のサダムがやってきて長く居座ることになるかもしれない。これが"自由イラク"への道さ」。

ウラン兵器を都市部でも使った

　戦車は南部の都市ナシリヤ郊外の幹線道路の下に放置されていた。あたりには砲弾や黒こげになった部品が散らかっている。砲塔部の正面と後部に7～8センチほどの穴があいていた。弾丸が貫通したように見える。

　後部の穴に計器を近づけた。「ピー」とかん高い音が響いた。放射線量を計るガイガーカウンタの針が振り切れている。感度を1000分の1に落とした。針は中央で止まった。ホテルの部屋で計ったときの2000倍から3000倍の値だ。正面の穴は，反応がなかった。

　他の場所でも，多くの破壊された戦車を見た。そのつど放射線量を計測をしてみたが，針が振れるものはなかった。対戦車砲弾はほとんど劣化ウラン弾になっている。計器が反応しないのは不思議だった。

　専門家に聞いてみた。ウランの出す放射線は，アルファ線だ。持参したガイガーカウンタにはベータ線・ガンマ線を測定する計測管がついていた。計器が反応するのは，アルファ線を浴びた他の金属が放射能を持ったからだ。粉塵となって飛び散ったウラン酸化物粒子が放出するアルファ線を計ることはきわめて困難なことだとわかった。

　アフガニスタン国際戦犯法廷の証人として来日した劣化ウラン研究者ダイ・ウィリアムズさんは「米軍も湾岸戦争後，同じような測定をして，放射

能はないと結論づけた」と米軍によるごまかしを指摘している。

◎**米軍も使用認める**

　湾岸戦争のとき，劣化ウラン弾は南部の砂漠地帯で大量に使われ，バスラを中心に，ガンや白血病などが多発している。放射線による被害であることに間違いない。今回，爆撃に使われた劣化ウランの量は500トンをこえている。対戦車砲弾だけでなく，地下施設を破壊するバンカーバスターにも使ったことを米軍特殊作戦司令部の幹部は認めた。「都市や人口密集地で劣化ウラン弾の使用を避けることなど決してしなかった。バグダッドの繁華街の建物を砲撃しさえした。もちろん劣化ウラン弾でだ」(ニュージーランド独立系メディアhttp://www.scoop.co.nz/)──この幹部は，他の主要都市も同じとインタビューに答えている。

　バグダッドのマンスール地区に行った。サダム・フセインが隠れているとの情報で，4月7日，ミサイルが撃ち込まれた場所だ。主要街路から一筋入った住宅地だった。着弾地では，家のがれきで穴を埋める作業が続いていた。直径20メートル，深さは7～8メートルはありそうな穴だ。バンカーバスターが使われたに違いない。

　作業をしていたナビルさん(29歳)は，おばさんと3人のいとこを亡くしている。隣の家は8人，全滅した。

　ガイガーカウンタは，暑さのためか正常には働かなかった。通りがかりの人が寄ってきた。「放射能は大丈夫か」と聞かれた。「爆撃直後のホコリさえ吸い込まなければ大丈夫だ」と広河さんは答えた。アルファ線は皮膚で止まる。体内に取り込まない限り大丈夫だ。だが，作業で立ちのぼる粉塵にどれだけの放射能があるのかわからない。

◎**恐ろしい悪魔の兵器**

　ダイ・ウィリアムズさんは23種の爆弾・兵器に劣化ウランが使われている可能性があると指摘している。クラスター爆弾の名前も挙がっていた。「劣化」とは放射能が低減しているわけではない。多くの研究者がいうように「ウラン兵器」と呼ぶのがふさわしい。それは，核兵器の一種であり，放射線被曝により何代にもわたって人々を苦しめる悪魔の兵器だ。イラク全土で，今

イラク戦争被害調査報告

後どれだけの被害が出てくるのか。想像するだけで恐ろしい。一刻も早く，米英軍にすべてを除去させ，責任をとらせねばならない。

生活不安と苛立ちから「撮るな」の叫び

　イラク南部の都市ウムカスル。わずかな海岸線しかないイラクにある唯一の港町だ。3月末，英軍に激しく攻めたてられたところでもある。公園のフェンスの前に人の群れができていた。近寄ってみるとポリタンクを2つ3つ自転車やリヤカーに載せている。給水サービスだった。
　「だめだ。撮るな」。
　その場をリードしていた青年がカメラを構えた私たちを制止した。2人，3人と抗議の声が増えていく。写真好きのイラク人から，こんなに血相をかえて撮影を拒否されたことは初めてだった。なぜなのか。心当たりはなかった。
　米英軍の攻撃により，各地の上水道も破壊され，安全な飲み水が手に入らないところが多くある。配管が壊されたり，電気の供給が不十分で浄水場が機能しないところもある。

◎写真撮影を拒否

　別の場所でも，給水車を取り囲むように人々が集まっているのを見かけた。地元の青年たちが手際よくさばいていた。今度は先に撮影の了解をとろうと声をかけた。答えは「ノー」だった。取り付くしまもなく，追い返されてしまった。その形相からは「人が困っているところを撮って，何がおもしろい」。そう言われているようだった。

給水を待つ人々の中で「写真を撮るな」と叫ぶ青年（ウルカスル）

　町から少し外れたと

ブッシュの戦争犯罪を裁く　part 3

ころでは，川から水を汲みあげている人もいた。川の水は濁っていた。この地区には給水車も来ていないのかと思った。

調査チームが買い込んだミネラルウォーターは，1.5リットル入りのペットボトルで1本50円程度。物価水準からすれば決して安くはない。それも，バグダッドやバスラといった大きな都市でしか手に入らなかった。安全な水を得ることが，いかに大切で大変なことか，改めて思い知った。

◎民衆と同じ視線で

調査チームが使った車には，マスコミ関係者とわかるように，前後に「プレス」と書いたプレートを置き，窓ガラスには「TV」とビニールテープで表示した。立ち入り・撮影など取材のしやすさや身の安全を考えてのことだった。

米英軍に対してはある程度役に立った。だが，イラクの人々の中には海外メディアに対する不信感を募らせている者も少なくないと聞いた。海外メディアは侵略軍とともにやってきた。配信される記事は，「略奪」報道に代表されるように，あたかもイラク全土が無法地帯化したかのような印象を与えた。人々の尊厳を踏みにじって恥じない。

調査チームも海外メディアと同じに扱われたのかもしれない。写真を拒否した青年たちの怒りを思った。車に貼った「TV」をはずした。苦しむ人々と同じ視線で見ることの重要性をあらためて感じた。

◎生活を悪化させる占領

下水道処理の機能も低下している。南部の都市シャトラやナシリヤの街では，裏通りに入ると，各家庭からの排水が，道路中央に掘られた排水路に集められていた。もともとそうだったのか，攻撃によって使えなくなった下水道に代わる緊急措置なのか，わからない。行き場のない雑排水は道路一面に広がっていた。

ごみの収集も滞っている。空き地には生ごみが放置され，羊の群れが食べ物をあさっていた。子どもたちも，ゴミの中から何かを拾い上げていた。

小さな子どもたちに下痢や感染症が増えている。栄養不足が体の抵抗力を一層低下させている。悪くすると命を落とす。コレラや伝染病の発生も報告

排水設備が破壊され水がたまった道路(ナシリア)

されている。連日40度を超える日々が続くなか,状況はますます悪くなっていく。

　生活環境の悪化は,米英軍による破壊行為の結果である。直接,爆撃の標的にならなかった人々も劣悪な生活条件の中で苦しみを強いられている。不当に破壊した生活基盤を放置することはさらなる犯罪行為だ。放置どころか,イラク民衆自身の手による行政機構づくりを妨害さえしているのが占領軍である。彼らがすべきことはイラク民衆に対する謝罪と補償,そして一日も早い撤退である。

復興を妨害する占領軍

　カルバラの町を回っているときだった。多くの電線が1か所に集まってきているところがあった。人の背よりも低く垂れている。その乱雑さは破壊された跡なのだろうか。他の地区でも同じような光景を見た。

　聞けば,地域の発電施設と各家庭を結ぶ電線だという。充分な電力ではないものの,夜の灯りぐらいはまかなえる。地域ごとの自衛策なのだろう。

各家庭からの電線が束ねられ1か所に集まっている(カルバラ)

日雇いの仕事を英軍に求めるイラク人

イラク戦争被害調査報告

バグダッドのドーラ地区に，大きな発電所がある。4本の煙突がそびえる火力発電所だが，煙が上がっているのは2本だけだった。フル稼働はしていない。燃料の供給が滞っているのか，あるいは設備のダメージかわからない。バグダッド市内でも，1日に何度も停電した。

生活環境の悪化はとくに子どもたちを襲う（バスラ近郊）

◎2週間で復旧できるのに

送電線が切断されているところもあった。鉄塔が爆撃を受けた跡もあった。一部で電線の張替え工事が行われていたが，本格的な復旧工事は始まっていない。その時は，まだ準備ができていないのかと思っていた。

ところが，帰国後こんなニュースを知った。5月20日，イラク電力公社の社員がバグダッドの共和国宮殿に向けデモをした。居座る米軍「復興人道支援室」に対し，「電気を返せ」と叫んだ。「われわれは電気の専門家だ。米軍が作業の安全を確保してくれれば，2週間で復旧してみせる。米軍はその気がない」。デモ参加の技術者の言葉だ。

電話についても事情は変わらない。

米軍はバグダッドの電話通信センタービルを爆撃した。全く電話は使えない，そう思っていた。だが，ドーラ地区では電話が通じていた。ただし，かけられる範囲は地区内に限られている。バスラの町でも電話が使えた。ここも特定の地域内だけにつながっている。

湾岸戦争のときも米軍は同じセンタービルを真っ先に爆撃している。数か月後には完全に復旧した。だが，今回はまったくめどが立っていない。実は通信大手モトローラなどの米国企業が，イラクで広めようとしている携帯電話の方式をめぐって，欧州の参入を阻止するよう米政府に働きかけているという。有線電話が復旧しては都合が悪い連中がいるのだ。

ブッシュの戦争犯罪を裁く part 3

◎復興事業の独占狙う

　電気にしても電話にしても，イラクの人々は自らの手ですぐにも復旧できる。だがそれを許さないのが占領軍である。復興が進まないのは，米軍・政府・企業一体となった妨害のせいだった。

　ある政府機関の壁に「CHANGE SYSTEM」と落書きがあった。誰がどんなつもりで書いたのかはわからない。だが爆撃をはじめる前から「復興」事業を請け負ったベクテルなど米企業は，イラクの共同体社会のシステムを資本の論理に貫かれた弱肉強食のルールに変えようとしている。国営企業を民営化し，公共サービスを"商品"にすることを狙っている。電気・電話だけでなく，水道やガス，教育・病院，あらゆる社会的サービスが対象となるに違いない。

　金持ちのための社会へ「CHANGE SYSTEM」。これが米国が思い描く「自由イラクの道」なのだろう。何千人もの民衆を殺戮し，イラクの資源を略奪することにとどまらず，共同体社会そのものを解体していく。このことへの憤りが，ますます広がりを見せる反米レジスタンスの背景にあるものだと思う。

占領軍は歓迎しない

◎家族全員と再会

　「ファイール」。

　門の扉越しに大声で呼んだ。家の中から反応がない。あたりに爆撃のあとはない。仕事に出かけているのだろうか。

　バグダッドの中心地から車で10分ぐらいのところにサダム・シティーはある。サダム・フセインが大統領に就任後，劣悪な生活環境の改善事業実施とあわせ，それまでのサウラ地区から呼び名を変えた。いまはシーア派の歴史的指導者の名をとり，サドル・シティーと呼ばれている。サダム時代には冷遇され，貧民街と言われてきた。米軍のバグダッド侵攻に合わせ反サダムの暴動が起こったと聞いた。イラクに侵入していたCIA（米中央情報局）の仕掛けだとの情報もあった。

　あきらめかけたとき，姿が見えた。木曜日の午後3時。週末の昼下がり，

休息の時間だった。

「よく来てくれた」と大歓迎にあった。少し遅れて家主のフアシーア・ファイールさん(34歳)が奥から出てきた。

「家族の写真を届けてくれると約束をしたのに、まったく音沙汰がないので家族は疑っていた。だが、俺だけは信じていたよ。あの日本人は絶対約束は守るとね」。

ひげ面の頬をすり合わせる歓迎の挨拶を受けた。家族全員が集まって、にぎやかな会話が始まった。2月には出会わなかった兄弟や子どもたちもいた。

「戦闘の間、どうしてた。被害はなかったか」と聞いた。

「郊外に避難していた。戦闘後戻ってきたので、ここらあたりの状況はよくわからない。被害？大おばあさんのひざが悪くなったことかな。薬がないのが困ったことさ」。

拍子抜けするほどあっさりと答えが返ってきた。話題はこちらに集中した。「両親は健在か。歳はいくつだ。嫁はいるのか。子どもの名まえは。いつでも、来てくれ」。

◎占領軍が復興の妨害

やっとこちらから質問ができる。「この地域は、外国人にとって危ないと聞いているがどうか」。

「それは誤解だ。例えば、こんな話がある」。聞かされた話は、外国人女性が肌を露出した服装で歩いていたのを、イスラムの慣習に反するので何人かの男たちが取り囲んで注意をしたというものだった。それが脅威にうつったのだろうと言う。

反サダム暴動はどうか。

「うちの子どもたちも、米軍が来たときは通りで、『イエス・ブッシュ、ノー・サダム』とやったさ。サダムは日本に逃げてないか」。

通訳を介して聞かされる答えは、冗談とも本気ともとれる陽気な会話の一断面だった。

「あなた方の一番必要としているもの、希望は何か」。

「安心と安全だ。米軍に聞いてみた。安全な水はいつくるんだと。彼らは

ブッシュの戦争犯罪を裁く　part 3

いつも『すぐだ，すぐだ』と言うだけさ」。

　この家族は，比較的恵まれている方だろう。隣の地区に出している喫茶店も順調のようだ。空爆中，家を離れられない人々はその恐怖に耐えるしかなかった。子どもたちに不安を与えないように，いつも以上に明るく時を過ごしたと聞いたこともある。

　たとえ反サダムといわれる地域であったとしても，米軍を解放軍と見るものはいない。生活環境の悪化・イラク人による復興への妨害が，占領軍に対する怒りを増幅している。まして反米英レジスタンスに対する強圧的な捜査・殺戮は一層その怒りをかき立てている。

　戦後復興した日本からのアドバイスはないかと聞かれた。朝鮮戦争やベトナム戦争をバネにしてきた日本の戦後経済を振り返るとき，答えに窮した。ただ，軍隊を送ろうとする日本政府の姿勢はイラク民衆が望んでいる答えでは決してないことは確かだ。

真実を消したマスコミ

　「命を掛けた従軍取材／その興奮と恐怖『イラク戦争従軍記』本日出版」。戦争被害調査から帰国した6月1日，新聞広告を見た。朝日新聞の従軍記者が，前線から報じた自らの記事に加筆・修正したものだ。

　読んでみて驚いた。戦争犯罪に対する怒りも犠牲者・遺族に対する共感もまったく感じられない。「米国にもイラクにも問題がある，ということまでしか私には言えない」と書かれた記事に読者の好意的反響があったから「社業」として緊急出版したという。"どっちもどっち"式の朝日新聞の戦争報道を象徴するものに相違ない。

◎米兵と一心同体

　朝日記者が体験した「戦場」は，バグダッドから南約400キロにあるナシリヤ付近での2日か3日の戦闘行為であった。

　「（3月）28日の朝，1台の白い軽トラックが停止線を越えて走り込んできた」「運転席のフロントガラスに向け，停止線の奥で構えていた機銃が連射された」「中をのぞくと運転手は息絶えていた」「警察がやれば過剰防衛でも，戦

爆撃で5人が死亡9人が負傷したジャバリ家の子ども（バスラ）

場ではどの兵士でも同じように行動する。戦場と日常は違うルールであることを痛感させられた」。

朝日記者は，従軍した米軍を終始「私の部隊」と表現している。「日常と違うルール」を認める感性は，向かう者すべてを撃ち殺す米兵と一心同体と言うにふさわしい。

殺害されたイラク人は，知人の遺体を引き取りに来ただけだったことがわかった。

「こうした事実上の『誤認』で射殺され，補償も謝罪も受けられないイラク人は少なくない数にのぼるはずである。戦時中だから目をつぶっていいとは思えない。しかし，米軍は明らかに目をつぶっていた」。

目をつぶったのは朝日新聞そのものではなかったのか。

◎殺される側に立たねば

ナシリヤで，戦争被害調査チームが聞き取った例には，民間人が攻撃されたものが数多くあった。

3月25日，自家用車に一家を乗せて街を出ようとしたダッハムさんは，米

兵の検問所で機銃掃射を受けた。4人の子どもすべてが殺され、ダッハムさんは右足を切断、奥さんもベッドの上だ。

3月26日、バスで避難しようとしていたアハメッドさんは、米軍の攻撃で5人が殺され、2人が負傷した。乗り合わせた他の家族も全滅に近い。

3月31日、貨物トラックで3家族が避難していたところを攻撃ヘリから爆撃された。カリールさんの5人の子どもを含め14人が殺された。逃げだした子どもたちを地上兵が機銃掃射した。それは、従軍記者が「私の部隊」と呼ぶ歩兵部隊だったかもしれない。

朝日新聞外報部長が「死と隣り合わせの従軍記者派遣」の言い訳を書いている。「現場に行く機会があれば、そこに行くことが取材の原点だ。ましてや、戦争は人間の最大の愚行であり、悲劇であるだけになおさらだ」

朝日新聞はこの「現場」からの従軍記事で、イラク攻撃の「愚行」を伝えた気になっているのだろうか。

目の前に起きた事実をただただ書き連ねたことに読者の共感が得られたとするならば、大きな間違いだ。侵略者と侵略される側との間に「中立」があるはずがない。殺される側に立って初めて、「愚行」いや蛮行を明らかにすることができる。

各地で行った報告会で多くの共感を得た。戦争を起こさせない決意を、自衛隊派兵反対の声を、もっともっと広げたい。

イラクに対する
ブッシュの戦争犯罪を裁こう
イラク国際戦犯民衆法廷の呼びかけ

　2003年3月20日，米英連合軍は，国際法に違反してイラク攻撃を強行し，フセイン政権を崩壊させ，今日も事実上の占領を継続しています。ブッシュ米大統領やブレア英首相は，イラクの大量破壊兵器を口実に国連安保理事会で戦争決議を採択しようと画策しましたが，これに失敗するや，戦争正当化の理由を次々に変更しながら強引に戦争に突入しました。

　これに対して，安保理事会ではフランスを始めとする諸国がイラク攻撃の理由がないことを明確に指摘して，戦争決議を阻止しました。ブッシュ米大統領の侵略戦争に反対する声は，歴史に類を見ない世界的規模の反戦デモを実現しました。

　それでもなお，ブッシュ米大統領とブレア英首相はイラク侵略を開始し，「戦慄と恐怖」という猛烈な空爆に始まる攻撃の中で夥しい民間人を殺戮し，都市を破壊しました。

　米英軍は，フセイン政権崩壊後は事実上の占領を続けていますが，「イラク人民の解放」とは名ばかりで，イラクに秩序は回復せず，ロケット弾が飛び交い，パイプラインが炎上し，米英軍に対する抵抗が続いています。ブッシュ米大統領は，これをも「テロ」と非難し，掃討作戦を展開していますが，むしろ，無法な侵略と占領に対する人民の抵抗が含まれていると思われます。

　米英軍の無法な戦争に対して，フランスなどは現在も不当な戦争であったことを指摘し続けていますが，それ以上に米英批判を強めるわけではありません。国際社会はむしろ「復興支援」という形で，米英軍の占領を前提とした事後策に取り組んでいます。

ブッシュの戦争犯罪を裁く　part 3

反戦平和運動の一部は「ブッシュとブレアを国際刑事裁判所で裁こう」という運動を呼びかけています。ブッシュ米大統領とブレア英首相によるイラク侵略と，空爆による民間人被害という戦争犯罪を裁く必要が意識されています。しかし，ブレア英首相はともかくとして，ブッシュ米大統領を国際刑事裁判所で裁くことは，残念ながら，できません。アメリカは国際刑事裁判所規程を批准していませんし，イラクも批准していないからです。

　また，ベルギーの国際人道法違反処罰法の適用を求めて，ブリュッセル地裁に告発する運動も進められてきました。しかし，アメリカの圧力に応じて，ベルギー政府は同法の適用を大幅に制限して，ブッシュ米大統領に対する告発は訴追につながらないことになりました。

　このため，ブッシュ米大統領を裁ける裁判所は，国際レベルでも国家レベルでも存在しません。

　それゆえ，私たちは民衆自身の手で，ブッシュ米大統領を裁く戦犯法廷をつくりあげる必要があります。民衆法廷は，国家や国際機関による法廷とは異なり，いかなる実力装置も権力も持ちませんから，実際に被疑者を身体拘束することも，被告人を収監することもできません。しかし，国家による法廷も国際機関による法廷も戦争犯罪を裁くことができず，国際社会が沈黙してしまえば，侵略と戦争犯罪を黙認することになってしまいます。

　侵略と戦争犯罪を決して許さず，次の戦争を止めるために，私たちは，戦争犯罪の証拠を収集し，積み上げて，これらを分析していく必要があります。米英軍の戦争がまぎれもなく侵略であったことを国際法に照らして解明していく必要があります。民衆法廷はそのための舞台です。

　民衆法廷運動は，事実と国際法に則って，戦争犯罪を徹底的に追及する反戦平和運動です。国際法は国家や国連のものであって，民衆には遠い存在と思われがちですが，国際人権規約や子どもの権利条約に見られるように，国家や国連だけでなく，NGOや個人も国際法の世界に足場を獲得しています。国家が国際法を守らないとき，民衆が声をあげて国家に国際法を守らせる監視活動が不可欠です。

　国際法は諸国家の合意でつくられたものですから，決して万全の法体系ではありません。しかし，米英軍の横暴が侵略や戦争犯罪にあたることは明らかです。人類が多年にわたる努力で作り上げてきた国際法を，国家に守らせ

イラク国際民衆法廷の呼びかけ

ることは，国際法のさらなる発展のためにも必要です。

　始まる前に止めようと闘った世界の反戦平和運動は，残念ながら戦争を止めることができませんでした。しかし，倦むことも諦めることもなく，反戦平和の旗を掲げ続けなくてはなりません。無法の前に沈黙してしまえば，反戦平和運動の「敗北」です。

　ブッシュ米大統領の戦争犯罪責任を追及する民衆法廷運動を展開して，これ以上の戦争を許さない取り組みをしましょう。私たちは，イラクにおける戦争犯罪を裁くために「イラク国際戦犯民衆法廷」開催を呼びかけます。

2003年8月9日

呼びかけ人（9月15日現在）
浅野　健一（ジャーナリスト・同志社大学教授）
安孫子誠人（『マスコミ市民』編集人）
伊藤　成彦（中央大学名誉教授）
内海　愛子（恵泉女学園教員）
きくちゆみ（グローバル・ピース・キャンペーン）
栗田　禎子（千葉大学助教授）
佐藤　昭夫（早稲田大学名誉教授）
佐藤　和義（民主主義的社会主義運動）
澤藤統一郎（弁護士）
ジャミーラ高橋（アラブイスラーム文化協会）
高里　鈴代（那覇市市議会議員）
武田　隆雄（日本山妙法寺僧侶）
土屋　典子（ぐろっぴぃ）
広河　隆一（フォト・ジャーナリスト）
藤田　祐幸（慶應義塾大学物理学教室助教授）
本多　勝一（ジャーナリスト）
前田　朗（東京造形大学教授）
山内　徳信（前沖縄県出納長）
アンドレア・バッファ（グローバル・エクスチェンジ、USA）
李　　熙子（太平洋戦争被害者補償推進協議会理事、韓国）
李　　性旻（労働者民衆会議、韓国）
コリーヌ・クマール（アジア女性人権評議会、インド）
LAAW・戦争に反対する法律アクション（イギリス）
チャック・カウフマン（ANSWER, USA）
ネリア・サンチョ（アジア女性人権評議会、フィリピン）
ポール・ガラン（MAPALAD KA, フィリピン）
ローレン・モレ（バークレー市議会環境委員会委員、USA）

イラク国際戦犯民衆法廷公聴会を開こう
公聴会ガイドライン

1 民衆法廷とは何か

　民衆法廷は，平和を願う民衆が，自分たちの手で作り上げていく平和のための法廷です。国家が民衆を逮捕したり投獄する「権力法廷」とは対極にある新しい法廷運動の試みです。

　民衆法廷の歴史は，ヴェトナムにおけるアメリカの戦争犯罪を裁くために開かれた「ラッセル・アインシュタイン法廷」に始まります。アメリカによる「北爆」が激化した1966年，哲学者ラッセルと物理学者アインシュタインが提唱して，哲学者サルトルを執行裁判長として開かれたのが「ラッセル・アインシュタイン法廷」です。これは知識人による民間法廷の試みでした。

　次に，「湾岸戦争」に際して，父親のブッシュ大統領の戦争犯罪を裁くために，アメリカ元司法長官のラムゼー・クラークが呼びかけた「クラーク法廷」が有名です。クラーク法廷は「連続公聴会方式」の源流となりました。

　さらに，2000年12月に東京で開催された「日本軍性奴隷制を裁く女性国際戦犯法廷」は，東京裁判のやり直しというコンセプトのもとに戦時性暴力問題の国際法による解決策を明らかにしました。

　民衆法廷とは何であるのかあらかじめ定められた規則はありません。これから私たち自身がつくっていく法廷です。しかし，最初に確認しておかなくてはならないことは「民衆法廷は権力法廷とはまったく別の法廷だ」ということです。

　第1に，民衆法廷には，権力による裏づけがありません。つまり，国内法上の正当性もなければ，国際法上の正当性もありません。国民主権を基礎とする裁判でもなければ，国際機関による裁判でもありません。民衆法廷は，

権力による戦争犯罪を許せないと考える民衆が集まって開く法廷です。

　第2に，民衆法廷には，強制力も拘束力もありません。被疑者を逮捕することも，家宅捜索することもできません。被告人を法廷に勾引することもできませんし，仮に有罪判決を出しても，監獄を持っているわけではありませんから収監もできません。つまり，被告人に対して何もできません。

　第3に，民衆法廷は，国家権力が行うような実力行使の裁判ではありません。民衆法廷は，国家が法的正義をないがしろにしている現実に対する批判として，少なくとも守られるべき価値が何であるのかを示すものです。事実と論理に基づいて，国家や国際機関に国際法を守らせる運動です。もちろん，騒乱状態で行われる「人民裁判」とはまったく別物です。

2　公聴会とは何か

　2004年12月のイラク国際戦犯民衆法廷（ICTI。仮称）開催を目指して，2004年1月から各地で連続公聴会を開きます。

　公聴会とは，ICTI実行委員会（全国実行委員会と各地の実行委員会）が協力して，ブッシュを訴追するために必要な証拠を収集し，整理する場です。ICTI検事は，起訴状に記載された犯罪事実を裏付ける証拠を法廷に提出しなければなりません。その証拠を収集することは，ICTI実行委員会の仕事です。そのために各地で順次，公聴会を開催します。

　現地調査団や調査委員会が，各地の実行委員会と協力して，重要な証拠を順次積み上げていき，これらを文書化し，整理して，保存します。

　公聴会は，報告会，講演会，シンポジウムなどの様々のスタイルで開催できますが，あくまでも戦争犯罪の証拠収集・整理・記録のために行うものです。

3　公聴会で取り上げるべきテーマ例

　公聴会では，各地で分担して，例えば次のようなテーマを取り上げていきます。できるだけ幅広く調査し，しっかりした記録を残します。

　　a　アメリカの外交・軍事戦略
　　b　アメリカの軍事行動と組織

 c アメリカの開戦正当化理由の検証
 d イラク現代史
 e 戦争被害――爆撃・民間人
 f 戦争被害――大量破壊兵器
 g 戦争被害――捕虜
 h 自衛隊の戦争協力の実態
 i 侵略の罪とは何か
 j 人道に対する罪，戦争犯罪とは何か
 k 米軍基地と性暴力

　上記以外にも，在日米軍基地の問題，アジアにおける米軍基地，イラクの政治・文化，イスラム諸国の動き，民衆法廷とは何か，現代国際法の展開なども積極的に取り入れ，総合的な学習運動として実施していきます。

* 上記テーマに関連した報告を柱にします。できれば，現地報告（ジャーナリスト，NGO）と講演の2本だてで進めます。
* ICTI実行委員会は，それぞれのテーマに関する報告者・講師候補をリストアップします。各地の実行委員会は，それぞれの地域で協力してくれる人材を探す一方，ICTI実行委員会の協力を得て，報告者・講師を選定します。
* 公聴会の会計は各地の実行委員会の独立会計とします。ただし，必要に応じて協議し，ICTI実行委員会が協力します。
* 連続公聴会として，ICTI実行委員会が全国レベルで宣伝活動します。各地の実行会委員会はそれぞれ宣伝活動をします。
* 公聴会の報告・講演を録音し，テープ起こしをして，文書化します。基本的な作業は，編集委員会を組織して，各地の実行委員会と協力して行います。
* 同じ内容の報告をした場合には，二度目以後のものは法廷の証拠には加えません。しかし，まったく同じというわけではなく一部に新しい内容を含むこともありますから，やはり全体を記録に残した上で，新しい部分を取り出して，活用します。
* 報告・講演や当日の配付資料などを一括して1冊の記録集（資料集）を作成

します。ICTI実行委員会，各地の実行委員会，出版社からなる編集委員会が記録集を作成・出版します。

* 記録集は，それ自体が法廷の証拠となります。その全体が証拠というよりも，記録集の中に含まれた新しい情報の部分が証拠ですが，実際には記録集そのものを積み上げます。
* 法廷に提出する証拠は，すべて連番を付して整理します。
* 記録集は「証拠」となるので，主要部分を英訳する必要があります。ICTI実行委員会の責任で翻訳します。2004年12月の法廷には，それぞれの記録を和文・英文の両方で提出します。
* 基本的には2004年1月から2004年11月まで毎月1回，全国各地で順次開催を目標にします。条件がそろえば月1回にこだわる必要はありません。反戦平和運動としての法廷と公聴会ですから，毎週のようにどこかで公聴会・報告会・写真展が行われている状況を作り出すことができれば最高です。
* また，海外公聴会も追及します。世界各地で同様の民衆法廷の試みが模索されていますので，世界の反戦平和運動と連帯しながら，進めていきます。ICTIは日本発の民衆法廷運動ですが，世界の運動と協力していきます。
* 公判は，2004年7月と12月に開催する目標とします。そのための証拠収集として，公聴会を連続的に開催していきます。

2003年8月9日

ICTI準備会

イラク国際戦犯民衆法廷規程・草案
2003年7月3日起草

第1条　国際法廷の権限
国際法廷は，本規程の定めるところに従い，2003年3月20日以後にイラク領域内において国際人道法の重大な違反を犯した個人を訴追する権限を持つ。
＊過去10年に及ぶ米英の軍事行動全体を対象にするか？

第2条　侵略の罪
国際法廷は，侵略の罪を行ったり，人に命じて行わせた者を訴追する権限を持つ。

第3条　ジェノサイド
本規程の目的に関して「ジェノサイド」とは，国民，民族，種族または宗教集団の全部または一部を破壊する意図をもって次に掲げる行為を行うことを意味する。
a）集団の構成員を殺害すること
b）集団の構成員に対して重大な心身の害悪を加えること
c）集団の全部または一部についてその身体の破壊をもたらすことを意図した集団生活の条件をことさらに押しつけること
d）集団内の出生を妨げることを意図した措置を課すこと
e）集団の子どもを他の集団に強制的に移転すること

第4条　人道に対する罪
国際法廷は，紛争の性質が国際的であるか国内的であるかに関わらず，武

力紛争において民間人に対して広範な攻撃または系統的な攻撃の一環として行われた以下のような犯罪に関して責任を負う個人を訴追する権限を持つ。
　a）殺人
　b）せん滅
　c）奴隷化
　d）強制移送
　e）拘禁
　f）拷問
　g）レイプ
　h）政治的，民族的，宗教的理由に基づいた迫害
　i）その他の非人道的な行為

第5条　戦争犯罪

　1．国際法廷は，1949年8月12日のジュネーヴ諸条約の重大な違反を犯した，または人に命じて行わせた個人を訴追する権限を持つ。すなわち，ジュネーヴ諸条約の条項が保護している人または財産に対する以下の行為である。
　a）故意による殺人
　b）生物学的実験を含む拷問または非人道的な取扱い
　c）身体または健康に故意によって深刻な苦痛を引き起こし，または重大な傷害を与えること
　d）軍事的必要性によっては正当化されず，かつ，不法に恣意的に実行された財産の大規模な破壊および徴発
　e）戦争捕虜または民間人を敵対国の軍隊において使役すること
　f）戦争捕虜または民間人が公正かつ正規の裁判を受ける権利の恣意的な剥奪
　g）不法な強制移住または移送，および民間人の不法な監禁
　h）民間人を人質に取ること
　2．国際法廷は，国際法の確立した枠組みの中における，国際武力紛争に適用される法規および慣例のその他の重大な違反を犯した，または人に命じて行わせた個人を訴追する権限を持つ。すなわち，以下の行為である。

a）一般住民または敵対行為に直接参加していない民間の個人に対して意図して攻撃を加えること
b）民用物，すなわち軍事目標ではない目的物に対して意図して攻撃を加えること
c）国際連合憲章に則り人道的援助または平和維持活動に関与する人員，施設，物資，部隊または車輌であって，武力紛争に関する国際法において民間人または民用物に対して与えられる保護に値するものに対して意図して攻撃を加えること
d）攻撃が，予期された具体的かつ直接的な軍事的利点に照らして明らかに過剰となる，民間人の生命の損失もしくは負傷または民用物への損害もしくは自然環境に対する長期的重大な損害を付随的に含むことを知りながら，意図して攻撃を加えること
e）手段のいかんを問わず，無防備かつ軍事目標となっていない都市，村落，居住地または建物に対する攻撃または爆撃
f）武器を放棄し，またはもはや防御手段をもたず，任意に降伏した戦闘員の殺害または傷害
g）休戦旗，敵国または国際連合旗または軍章もしくは制服またはジュネーブ諸条約の特定の徽章を不正に使用することによって，人の死または重大な身体傷害を生じさせること
h）占領軍によってその占領する地域に自国の民間人の一部を直接もしくは間接に移転させ，または被占領地域の住民の全部もしくは一部をその被占領地域の内もしくは外に強制移送もしくは移転させること
i）宗教，教育，芸術，科学もしくは慈善の目的に使われる建物，歴史的遺跡，病院ならびに病者および傷者を集合させている場所が，軍事目標ではないのに，これに対して意図して攻撃を加えること。
j）関係人の医療，歯科治療もしくは療養によっては正当化されず，かつ，その人の利益のために行われたのではないものであって，かつ，これらの人の死もしくは重大な健康への危険を生じさせる，身体の切断または医学的もしくは科学的な実験に，敵側の権力の掌中にあるある人を従わせること
k）敵国または敵軍に属する人を偽計をもって殺害または傷害すること

l) 戦争の必要からやむ得ない場合を除き，敵側の財産を破壊または接収すること
m) 急襲した場合であっても，都市または場所を略奪すること
n) 毒または毒性のある兵器を使用すること
o) 窒息性ガス，毒ガスまたはその他のガスおよび類似の液体，物資または装置を使用すること
p) 過剰な傷害もしくは不必要な苦痛を生じさせる性質を帯び，または武力紛争に関する国際法に違反してそもそも無差別的な性質を帯びた兵器，投擲物および物質ならびに戦闘手段を使用すること。ただし，このような兵器，投擲物および物資ならびに戦闘手段が包括的な禁止の対象となることを要する。
q) 人格の尊厳を侵害すること，特に侮辱的で体面を汚す取扱いを行うこと
r) 強姦，性奴隷化，強制売春，強制妊娠，強制不妊手術またはその他ジュネーヴ諸条約の重大な違反となる性暴力をすること

3．国際法廷は，戦争犯罪の定義を明確にするために，1977年６月８日のジュネーヴ諸条約第一追加議定書を参照することができる。

第6条　個人に対する裁判権

国際法廷は，本規程の規定に従って，自然人に対して裁判権を持つ。

第7条　個人の刑事責任

1．本規程第２条ないし第５条に記される犯罪の実行において煽動，命令，実施，または幇助・教唆した個人は，犯罪に対して個人として責任を負う。

2．被告人の公的立場に関わらず――たとえ国家や政府の元首や政府高官であったとしても――その被告人の犯罪責任と刑罰は軽減されることはない。

3．本規程第２条ないし第５条に記された犯罪行為が被告人の部下によって犯されたとしても，被告人が自分の部下がそのような行為を犯すことまたは犯したことを知っていた，または知るべきであった場合，また被告人がそ

のような行為を避けるための必要かつ十分な措置を取る，ないしはその行為を犯した個人を罰することを怠った場合は，被告人の刑事責任は軽減されない。

4．被告人が政府または上官の命令にしたがって罪を犯した場合は，被告人の刑事責任は軽減されないが，国際法廷が必要とみなした場合は刑罰の軽減を考慮することができる。

第8条　国家の責任
個人の刑事責任に関する本規程のいかなる条項も，国際法に従って国家の責任を追及することを妨げない。

第9条　領域的裁判権および時間的裁判権
国際法廷の領域的裁判権は，地上領域，航空領域および水域を含むイラク領土に及ぶ。当国際法廷の時間的裁判権は2003年3月20日以降の時期に及ぶ。

第10条　国際法廷の構成
国際法廷は，以下の組織によって構成される。
　ａ）判事
　ｂ）検事
　ｃ）事務局――裁判部と検事の事務を掌る。

第11条 裁判部の構成
裁判部は，7名の独立した判事から構成される。

第12条 判事の適性
判事は，高い倫理観，公正さと誠実さを有し，各自の国において最高の法的役職に就任するだけの適性を有している者とする。裁判部は刑法と国際人道法や人権法を含む国際法の分野における経験を有する判事から構成される。

イラク国際戦犯民衆法廷規程・草案

第13条　手続き証拠規則

国際法廷の判事は，予審手続き，公判，証拠の許容性，被害者および証人の保護その他の然るべき事項について手続き証拠規則を採択する。

第14条　検事

1．検事は，2003年3月20日以降にイラク領域内で起こされた国際人道法の重大な違反に関して責任を持つ個人を捜査し訴追する責任を持つ。

2．検事は高い倫理観をもち，刑事事件の捜査と訴追の処理に優れた能力と経験をもたなければならない。

3．検事は，国際法廷において独立した機関として職務を果たす。彼または彼女はいかなる政府やその他のアクターに指示を仰いだり，またはそれらから指示を受けてはならない。

4．検事部は，検事および必要とされる適性を有するその他の職員によって構成される。

第15条　事務局

1．事務局は，国際法廷の運営および事務処理に関し責任を持つ。

2．事務局は，事務局長および必要とされる適性を有するその他の職員によって構成される。

第16条　捜査および起訴準備

1．検事は，職権上の捜査またはあらゆる情報源——特に政府，国連諸機関，国際機関および非政府組織（NGO）——から得られた情報に基づいた取り調べを進める。検事は受け取った情報，あるいは入手した情報を吟味し，訴訟を起こすための十分な証拠となるかを決定する。

2．検事は，証拠を収集し現場検証を行うために，被疑者，被害者および証人に尋問する権限を有するものとする。

3．一応十分な証拠ありと判断する場合，本規程に基づいて検事は，被告人を訴追する事実関係および犯罪に関する簡明な陳述を含む起訴状を作成する。

第17条　被害者及び証人の保護
国際法廷は，手続き証拠規則の中で被害者と証人の保護を提供する。保護措置は非公開審理や被害者の身元に関する保護を含むが，それらに限定されない。

第18条　アミカス・キュリエ
裁判部は，事件の適切な決定のために必要であると考える場合，組織または個人を法廷に召喚し，裁判部によって指定された論点について陳述させることができる。

第19条　判決
1．裁判部は，国際人道法の重大な違反を犯した個人に関する判決を言い渡すものとする。
2．判決は裁判部の合意によって決定されるものであり，公開廷で裁判長によって言い渡される。

第20条　勧告
裁判部は，国際人道法の重大な違反を犯した者，関連する政府および国際社会に勧告を行うものとする。

第21条　協力および司法協力
1．非政府組織は，国際人道法の重大な違反を問われている個人の捜査と訴追に関して当国際法廷に協力する。
2．以下の事項を含むがそれに限定されない事項に関して，非政府組織は裁判部による協力要請または命令に対し遅滞なく従う。
　a）関係者の身元と居場所
　b）証言をし，証拠を提供すること
　c）文書の提供

第22条　国際法廷の所在地
国際法廷の所在地は，日本とする。

第23条　国際法廷の経費
国際法廷の経費は，非政府組織が負担するものとする。

第24条　使用言語
国際法廷における使用言語は，日本語および英語とする。

「イラク国際戦犯民衆法廷」にご協力を
賛同人・賛同団体になってください

　米英軍のイラク攻撃と，これに続く軍事占領は明白な国際法違反・人道法違反です。国際社会がこれを裁き，戦争のない世界を作り出す運動にしていきたいと思います。みなさまの賛同と実行委員会への参加・ご協力を心よりお願いします。

[賛同のお申込]
1．郵便振替をご利用の場合：郵便振替用紙に以下の必要事項を記入のうえ，お申し込みください。
2．銀行口座，郵便口座へ振込みされる場合：以下の必要事項を事務局宛にFAXされたうえ，指定口座へお振込みください。
　・賛同人・団体のお名前(肩書き)
　・住所・連絡先，電話番号
　・賛同金の口数・金額
　・公表の可否

◎個人　賛同金1口　3000円(何口でも結構です)
◎団体　賛同金1口　5000円(何口でも結構です)

郵便振替　00150-3-776767　イラク国際戦犯民衆法廷
銀行口座　三井住友銀行　飯田橋支店　普通6658139　イラク国際戦犯民衆法廷
郵便口座　店番888　口座番号84598841　イラク国際戦犯民衆法廷

[今後の取組み予定]
10月5日(日)　イラク国際戦犯民衆法廷実行委員会発足集会(午後1時より。早稲田大学国際会議場)
集会内容：イラク国際戦犯民衆法廷の規定・公聴会ガイドライン・方針の確認
04年1月から日本各地，世界各地で戦争犯罪を立証する公聴会を開催していきます。
04年7月，12月に裁判の公判を開き判決・勧告を国際社会に発表する予定です。

[連絡先]
イラク国際戦犯民衆法廷(準備会)　電話／FAX：03-3267-0144
〒162-0815　東京都新宿区築土八幡町2-21-301　なかま共同事務所内

イラク国際戦犯民衆法廷準備会

電話／FAX：03-3267-0144
〒162-0815　東京都新宿区築土八幡町2-21-301　なかま共同事務所内
E-mail：utsunuki@hotmail.com

GENJINブックレット40
ブッシュの戦争犯罪を裁く Part3
イラク国際戦犯民衆法廷準備編
War Crimes : Third Report on United States War Crimes.

2003年10月5日　第1版第1刷

編　者●イラク国際戦犯民衆法廷準備会編
The Preparatory Commission of the International　Criminal Tribunal for Iraq (ed.)

発行人●成澤壽信
発行所●株式会社現代人文社
　〒160-0016　東京都新宿区信濃町20　佐藤ビル201
　振替：00130-3-52366　電話：03-5379-0307（代表）　FAX：03-5379-5388
　E-Mail：daihyo@genjin.jp（代表）、hanbai@genjin.jp（販売）
　Web●http://www.genjin.jp

発売所●株式会社大学図書
印刷所●株式会社ミツワ
装　丁●清水良洋

検印省略　PRINTED IN JAPAN
ISBN4-87798-177-2　C0036
©2003　GENDAIJINBUN-SHA

本書の一部あるいは全部を無断で複写・転載・転訳載などをすること、または磁気媒体等に入力することは、法律で認められた場合を除き、著作者および出版者の権利の侵害となりますので、これらの行為をする場合には、あらかじめ小社また編集者宛に承諾を求めてください。